COMMENT TRAVAILLER À LA MAISON EN TANT QUE MÈRE

FAITES VOTRE TRAVAIL DANS LE CONFORT DE VOTRE FOYER, APPRENEZ TOUT CE QUE VOUS DEVEZ FAIRE POUR AMENER VOTRE BUREAU DANS VOTRE CHAMBRE

Jessy M. Brown

Première édition

Table des matières

Introduction

Que vous soyez fatiguée de travailler à l'extérieur de la maison ou que vous soyez prête à gagner plus d'argent, les possibilités offertes aux mères qui travaillent à domicile peuvent être incroyables.

Si vous vous retenez de peur que vos compétences ne soient pas assez perfectionnées pour transformer vos rêves en réalité, détendez-vous ! Même les femmes qui n'ont pas de titres ou de " compétences professionnelles " à prix élevé trouveront qu'il existe de nombreuses options pour lancer des entreprises lucratives à domicile. Il est également possible d'obtenir de vrais emplois de personnel en travaillant pour d'autres personnes à l'extérieur d'un bureau à domicile. Le télétravail devient plus courant qu'on ne le pense. Vous pouvez même vous inscrire en tant que travailleur salarié ou indépendant dans des entreprises du monde entier.

La vérité est qu'il n'est pas nécessaire d'avoir une capacité spécifique pour travailler à la maison. Il existe des solutions pour surmonter presque tous les obstacles qui se dressent sur votre chemin. Il n'y a aucune raison de se décourager !

S'immerger dans la perspective de travailler à la maison peut être une décision incroyable pour vous et toute votre famille. Toutefois, il faut l'examiner attentivement. Travailler à la maison peut être une expérience merveilleuse, mais ce n'est pas pour tout le monde.

Dans ce livre, nous discuterons des éléments que vous devrez prendre en considération pour y parvenir. Il existe des moyens de savoir si le travail à domicile convient vraiment à votre style et certains avantages et dangers qu'il est judicieux d'explorer avant d'entreprendre une carrière à la maison.

Bien qu'il y aura des obstacles - surtout pour les mères très occupées avec des horaires chargés - il y a des moyens de les écraser presque tous. Il existe des techniques, des conseils et des idées pour affronter l'adversité de front et gagner qui peuvent vous aider à vous mettre sur la voie du succès.

L'une des clés du succès d'une entreprise à domicile est de choisir le bon domaine de travail. Cependant, les opportunités peuvent être un peu étonnantes. Explorer soigneusement toutes les options et la façon dont elles pourraient s'intégrer à votre style de vie personnel devrait être une priorité absolue avant de choisir la voie à suivre.

Que vous ayez l'intention de devenir entrepreneur ou que vous souhaitiez travailler en tant que pigiste, il y a aussi des choses à garder à l'esprit. Qu'il s'agisse d'obtenir la formation nécessaire, de trouver du travail ou d'établir un bureau à domicile, nous discuterons de ce que vous devez savoir pour réaliser vos rêves de travailler à la maison.

Comment puis-je savoir si le travail à domicile est fait pour moi ?

Vous aimez l'idée de pouvoir travailler à la maison et vous aimez l'idée de passer plus de temps avec votre famille, mais vous n'êtes pas sûr que ce soit la bonne voie pour vous. Ne vous inquiétez pas, vous n'êtes pas seul dans vos doutes. Presque toutes les femmes qui ont commencé une carrière réussie à la maison y ont fait face. C'est quand même intelligent d'en être sûr.

Travailler à la maison demande beaucoup de dévouement, de discipline et de patience. Ce n'est pas pour tout le monde, et c'est très bien. Il y a certaines choses qui devraient être soigneusement considérées si vous avez l'intention de devenir une mère qui travaille à la maison. Même si vous êtes une mère au foyer, l'ajout d'une carrière peut faire une petite différence. Pour vous assurer que vous allez dans la bonne direction, il est important d'examiner des éléments comme les finances, le soutien familial et votre capacité de faire face à la perspective de travailler à la maison. Certaines mères prospèrent dans cette situation, mais d'autres dépérissent.

➤ *SITUATION FINANCIÈRE*

Si vous prévoyez quitter un emploi rémunéré pour travailler à la maison, vous devriez avoir une bonne gestion financière. Dans la plupart des cas, il faudra un certain temps pour créer une entreprise ou une société indépendante assez longtemps pour remplacer un travail quotidien. En plus du capital nécessaire au démarrage de l'entreprise, vous aurez également besoin d'un fonds de réserve pour couvrir la période de démarrage.

Le montant d'argent que vous mettrez de côté dépendra d'un certain nombre de facteurs, dont les suivants :

Comprendre le montant de votre contribution mensuelle au budget familial. Assurez-vous que votre silhouette est couverte pendant au moins quelques mois. Trois mois peuvent faire l'affaire, mais c'est une option prudente (et plus sûre) que de filmer de six à douze mois. Gardez ces chiffres séparés de ce dont vous aurez besoin pour donner à votre entreprise une chance de se battre, comme le succès, aussi.

L'établissement d'une entreprise à domicile peut nécessiter des capitaux de démarrage. Au-delà de ce qui est nécessaire pour couvrir la famille, vous voudrez aussi de l'argent pour l'équipement, le marketing, les licences, etc. Un prêt aux petites entreprises peut fonctionner dans certains cas, mais pour de nombreuses exploitations familiales, vous serez seul avec les frais de démarrage.

Bien que les plans d'affaires ne soient pas toujours élaborés exactement à temps, vous comprenez bien la période d'anticipation de votre entreprise. Vous voudrez vous assurer d'avoir l'argent nécessaire pour couvrir cette période et continuer à faire croître l'entreprise. Sois réaliste ici.

Si vos finances vous gênent, songez à demander un prêt, à activer un régime d'épargne ou tout simplement à travailler à temps partiel dans votre entreprise au début. Il existe des moyens de réaliser votre rêve même si l'argent n'est pas disponible aussi rapidement que vous le souhaitez.

➢ *LE SOUTIEN AUX FAMILLES EST CRUCIAL*

Entrer dans une entreprise à domicile sans le soutien d'une famille solide pour l'idée peut s'avérer être une grosse erreur. Si les membres de la famille ne comprennent pas que le temps de travail est important ou que les appels au travail ne devraient pas être interrompus par de la musique rock'n'roll forte provenant de la chambre d'un adolescent, il faudra alors livrer une bataille difficile.

Pour vous assurer que votre famille est à bord, posez-vous les questions suivantes :

Ai-je discuté de l'idée en profondeur avec tous les membres de la famille ? S'il ne l'a pas fait, il le voudra. S'assurer que tous ceux qui sont en âge de comprendre que le fait d'être à la maison ne signifie pas que les heures de travail sont moins importantes est vital pour vos chances de succès.

Les membres plus âgés de la famille fourniront-ils un soutien en cas d'urgence ? Les mères qui travaillent à domicile doivent quand même assister aux réunions, respecter les délais ou sortir et nouer des contacts. Lorsqu'il est nécessaire de se concentrer sérieusement, il est impératif d'avoir quelqu'un qui peut intervenir et s'occuper des enfants et/ou des tâches ménagères.

Les membres de la famille peuvent-ils vous aider ? Ce n'est pas parce que vous travaillez à la maison que vous pouvez ou devez vous occuper de tout. Cela vous aidera beaucoup si les membres de la famille vous aident dans les tâches ménagères et font leur part pour s'assurer que tout se déroule bien dans la maison.

Travailler à la maison après avoir été dans le monde peut être un peu difficile pour une famille entière. Si vous avez été une mère au foyer, les défis peuvent être encore plus grands. Après tout, tout le monde a l'habitude que tu sois là pour l'aider.

Le fait d'entreprendre une carrière à la maison signifie que, même si vous y êtes, les priorités devront parfois changer d'orientation. Si votre famille est vraiment à bord, vous aurez un avantage dans tous vos efforts.

➤ *AUTODISCIPLINE*

Peu importe combien d'argent vous avez économisé pour démarrer ou le soutien que votre famille vous apporte, si vous ne pouvez pas vous motiver, vous avez des problèmes. L'autodiscipline est l'un des traits les plus importants à posséder lorsqu'on essaie de commencer une carrière à la maison. Cela s'applique aux travailleurs à distance qui travailleront à temps plein pour des entreprises ainsi que pour de futurs employeurs.

Pour vous assurer d'avoir ce dont vous avez besoin à cet égard, songez à poser ces questions et à y répondre honnêtement et franchement :

Suis-je motivé ? Si vous n'avez pas la motivation et le dynamisme nécessaires pour vous lever le matin et vous rendre au travail, une entreprise à domicile sera en terrain instable dès le départ. Bien que la moitié de la récompense du travail à domicile soit d'être plus proche de la famille, vous devrez quand même faire preuve de dynamisme pour réussir en affaires. Comme pour élever vos enfants, une carrière à la maison exigera du temps, de l'attention et un peu de soins sérieux.

Puis-je régler les heures et les suivre ? Lorsque vous êtes propriétaire de l'exploitation ou que vous êtes travailleur autonome, vous pouvez établir votre propre horaire. En fait, cela peut être d'une grande aide pour assurer un meilleur équilibre dans la vie. Bien sûr, vous pouvez sortir tôt pour jouer avec les enfants de temps en temps, mais vous devrez vous en tenir à la vie plus ou moins régulièrement.

Puis-je résister à la tentation ? Une des questions que l'autodiscipline peut surmonter est de résister à la tentation de faire autre chose que le travail pendant les heures de travail. Lorsqu'aucun patron ne vous suit, il peut être trop facile de regarder la télévision, de jouer à l'ordinateur ou même d'accomplir des tâches ménagères au lieu d'accomplir des tâches liées au travail. Rendez-vous trop souvent à la tentation et votre entreprise pourrait ne pas voler.

➤ *GESTION DE L'ISOLATION*

Selon le type d'entreprise que vous avez l'intention d'exploiter, vous pourriez vous retrouver un peu isolé des autres. Les carrières en informatique, par exemple, peuvent vous obliger à travailler à la maison et à ne jamais aller voir des gens en dehors de la famille pendant des jours et des jours. Bien que ce ne soit pas un problème pour beaucoup, cela peut rendre certaines femmes folles. Assurez-vous de connaître votre position sur la question avant d'aller de l'avant avec un choix de carrière qui pourrait vous mettre dans cette position.

Si vous voulez faire face au problème potentiel de l'isolement frontal, il y a quelques choses qui peuvent vous aider. Il s'agit notamment

C'est une excellente façon de sortir de la maison chaque semaine ou chaque mois. De plus, elle peut vous aider à faire en sorte que votre entreprise obtienne son nom.

Même si votre entreprise est informatisée, il n'y a rien de mal à accepter et à solliciter des clients locaux. Cela peut vous permettre de sortir du "bureau" de temps en temps et vous aider à faire croître votre entreprise.

Il peut être extrêmement bénéfique de planifier des activités après les heures de travail qui n'impliquent pas de rester à la maison. Même une visite au parc avec les enfants tous les deux ou trois jours peut vous aider à garder votre santé mentale sous contrôle. Les courses d'épicerie ne comptent pas !

Faire du bénévolat dans les écoles de vos enfants Même en faisant du bénévolat une fois par semaine, par mois ou à chaque sortie éducative, vous pouvez sortir de la maison et apprendre à connaître d'autres personnes. Il peut aussi être un excellent moyen de montrer à vos enfants à quel point vous voulez participer à leur vie. Après tout, si c'est votre affaire, un "patron" ne pourra pas dire qu'il ne peut pas prendre deux heures de congé tous les mardis pour donner un coup de main à une école.

Prendre la décision de travailler à la maison peut être une excellente décision. Toutefois, pour vous assurer que le déménagement vous convient, prenez le temps d'examiner attentivement les hauts et les bas et de répondre honnêtement aux questions sur vous-même et votre situation.

Avantages du travail à domicile

Travailler à la maison n'est pas que du soleil et des roses pour longtemps, mais cela peut avoir des avantages incroyables que beaucoup de mères n'échangeraient pas pour le monde. Les avantages potentiels de cette décision peuvent avoir un impact sur votre vie financière, votre vie émotionnelle et même sur les relations que vous aimez.

Certains des avantages les plus notables du travail à domicile comprennent :

- Économiser de l'argent sur les dépenses quotidiennes Si vous quittez un emploi pour travailler à la maison, vous devrez compenser la perte, mais il y a des économies instantanées que vous pouvez ressentir. Les mères qui travaillent à domicile économisent souvent beaucoup d'argent pour la garde de leurs enfants, les frais de déplacement, les déjeuners et même les dîners. Après tout, il est beaucoup plus facile de s'assurer qu'un repas du soir est sur la table si vous êtes là pendant la journée pour voir que c'est le cas.

- Bien que les programmes puissent varier selon l'occasion d'affaires qui se présente, de nombreuses mères à domicile trouvent qu'elles ont beaucoup plus de temps à passer avec leur famille. Même lorsqu'ils travaillent, ils peuvent simplement voir plus de membres de la famille et participer davantage à leur vie quotidienne. C'est une récompense qui peut rendre la décision valable.

- Garder le contact avec les enfants, la maison et le travail sera difficile quoi qu'il arrive. Cependant, le faire avec un emploi à l'extérieur de la maison peut être un cauchemar stressant. Les mères qui travaillent à l'extérieur de la maison peuvent connaître une baisse du niveau de stress lorsqu'elles entrent dans le rythme d'être " là " pour faire les choses. Par exemple, jeter des vêtements à la poubelle avant de commencer une journée de travail peut devenir naturel. Vous pouvez aussi prendre le temps d'accueillir les petits à un arrêt d'autobus et ainsi de suite.

- Récompenses personnelles Peu importe si vous lancez une entreprise qui vend des articles par le biais de soirées privées ou si vous saisissez des données vous-même, lorsque vous testez vos succès, ils seront vraiment les vôtres. La création d'une entreprise à domicile, même modestement réussie, peut être incroyablement gratifiante sur le plan personnel.

- Horaires flexibles Certaines entreprises seront plus flexibles que d'autres, mais la plupart des mères qui travaillent à domicile trouvent qu'elles sont beaucoup plus flexibles dans ce qu'elles peuvent et ne peuvent pas faire que lorsqu'elles travaillent à l'extérieur de la maison. Cela peut être un avantage incroyable pour les mères qui veulent prendre des décisions quand elles travaillent, à quels jours et pour combien de temps elles le font.

- Travailler à la maison peut être très gratifiant pour les femmes qui donnent à la perspective une occasion sérieuse. Les récompenses peuvent aller de l'aspect financier à l'aspect très personnel.

➢ *ATTENTION AU PIÈGE.*

Travailler à la maison peut apporter un certain nombre de récompenses qui font que l'entreprise en vaut la peine. Les mères peuvent s'épanouir dans ces circonstances parce que la situation leur donne le meilleur des deux mondes.

Aussi fantastique que puisse être le travail à domicile, il y a des risques potentiels. Comprendre ce qu'ils sont peut vous préparer à les affronter et à gagner. Bien que tout le monde ne connaîtra pas les mêmes escroqueries au travail à domicile, certains des problèmes les plus courants qui peuvent survenir comprennent des choses comme :

Certaines mères qui travaillent à la maison ont un peu de difficulté à trouver l'équilibre entre leur carrière et leur vie personnelle. Qu'ils passent trop de temps à travailler ou pas assez, le fait de ne pas atteindre un équilibre peut mener à la déception dans un domaine, dans l'autre, ou dans les deux.

Isolement Comme nous l'avons vu plus haut, certaines carrières à la maison peuvent être un peu solitaires dans le grand ordre des choses.

Culpabilité Bien que l'idée de travailler à la maison signifie souvent avoir plus de temps pour la famille, le travail devrait aussi figurer sur la liste des priorités. Cela signifie qu'il y aura des moments où les mères devront dire non ou s'occuper de leurs affaires, même lorsqu'un enfant de trois ans fera une crise de colère. La partie courte et longue de cette réalité, c'est que les mères se sentent parfois coupables de ne pas être là, même lorsqu'elles sont là.

Dans certains domaines de travail, les bruits de fond à la maison peuvent être un peu gênants et peuvent même sembler non professionnels. Parler au téléphone avec un client pendant qu'un enfant fait une crise ou qu'un chien aboie fort en arrière-plan ne semble pas aussi professionnel que beaucoup le voudraient.

Le danger du travail à domicile réside souvent dans le fait de ne pas pouvoir "quitter" le travail à la fin de la journée. Dans cette optique, de nombreuses mères travaillent à la maison et ont tendance à exagérer à leur détriment. Bien que cela puisse être bon pour les affaires, l'épuisement peut se produire si quelqu'un travaille 24 heures par jour et ne se détend pas, ne se détend pas et ne respire pas de temps en temps.

Bien qu'il soit certainement agréable de

pouvoir sortir du lit le matin et "informer" le bureau, cela peut être une épée à double tranchant. C'est trop facile d'être assis dans ce peignoir à 18 h un mardi normal. Cela peut avoir un impact négatif sur l'estime de soi.

Bien que les pièges soient très réels, il existe des moyens de les affronter et de gagner. Peu importe le défi, avoir un bon plan pour faire face à la situation peut faire toute la différence.

Surmonter les obstacles

Bien que les obstacles se dresseront sur le chemin de toute entreprise, certains des obstacles à l'entreprise à domicile sont un peu différents. Il existe des moyens de lutter contre chacun d'entre eux. Lorsque vous disposez d'un arsenal d'armes, vous pouvez ouvrir la voie du succès.

Ces conseils peuvent être très efficaces pour aider les mères à affronter et à surmonter les obstacles qui se dressent sur leur chemin :

Bien que la flexibilité soit importante, il est également important d'avoir un horaire qui est suivi régulièrement. Lorsque vous êtes ferme sur vos heures de travail et que vous essayez de respecter un horaire, il est plus facile de trouver un équilibre qui fonctionne dans votre vie.

Créez un bureau à domicile Même s'il s'agit d'une garde-robe repensée comme la vôtre, le fait d'avoir une pièce avec une porte où se retirer pour les appels professionnels et le travail sérieux à la date limite peut vous sauver la vie. Bien sûr, procurez-vous l'ordinateur portable pour pouvoir travailler dans le salon pendant que votre famille bourdonne autour de vous, mais ayez un abri où aller quand vous en avez le plus besoin. En passant, cela peut même vous aider sur le plan fiscal, alors c'est une bonne idée à certains égards.

Si vous voulez être une mère qui travaille à la maison avec de jeunes enfants, il est impératif d'avoir des gardiennes d'enfants ou une garderie en ligne au moment où on en a le plus besoin. Peu importe que votre entreprise soit liée à la vente ou au service, il y aura des jours où vous ne serez pas disponible pour votre famille.

Si vos enfants sont plus âgés, une entreprise à domicile peut devenir l'affaire de tous. Attribuez aux enfants des tâches et des tâches qu'ils peuvent faire pour les aider. Il peut s'agir de réceptions d'affaires ou même tout simplement de mettre les enfants au service de vaisselle pour les libérer jusqu'à la fin des appels nocturnes. Un peu de travail ne fait jamais de mal à personne ou aux enfants qui aident une famille à bien fonctionner et qui apprennent des leçons précieuses en cours de route.

Il peut être difficile de se concentrer sur le prix Dites "non" pour la troisième visite au parc pendant une semaine ensoleillée, mais cela peut être important. Quand vos enfants vous voient travailler dur pour

votre famille, ils peuvent apprendre par l'exemple. L'instauration d'une solide éthique de travail dès le début peut mettre les jeunes sur la voie de la réussite.

Outre les échéances, il est important de se lever et de s'habiller pour le travail, même si vous passez du lit à l'ordinateur. Cela peut vous aider à vous sentir mieux dans votre peau, à rester motivé et à projeter dans le processus des vibrations réussies.

Des opportunités pour tous

Peu importe si vous n'avez jamais travaillé un jour de votre vie ou si vous quittez un emploi à long terme, il existe des possibilités dont presque tout le monde peut profiter. Travailler à la maison et y réussir ne signifie pas qu'il faut avoir un diplôme de quatre ans, une tonne de compétences spécialisées ou une banque pleine d'argent. Ce dont vous avez besoin, c'est d'une bonne idée et de l'élan nécessaire pour la réaliser.

Il existe une variété de possibilités pour les travailleurs non qualifiés ou peu qualifiés. Certaines des options incluent des choses comme :

Ventes Il existe une variété d'entreprises liées à la vente que vous pouvez explorer et qui vous permettront d'établir vos activités à l'extérieur de la maison. Beaucoup d'entreprises qui comptent sur les mamans à la maison pour vendre leurs produits vous fourniront la formation dont vous avez besoin pour réussir. Il est également possible d'acheter en territoire de franchise pour certains produits. Assurez-vous simplement de pouvoir sauvegarder un produit avant d'essayer de le vendre. S'ils ne vous vendent pas, les clients ne le seront pas non plus.

Beaucoup de mères qui vivent à la maison ont gagné leur vie en vendant des articles dans des magasins en ligne ou sur des sites d'enchères virtuels. Que vous créiez vous-même des articles ou que vous fassiez beaucoup d'achats pour les ventes de garage et l'immobilier, cette option est assez facile à explorer. Il peut également être amorti avec une partie lucrative ou avec un revenu à temps plein.

Saisie de données Si vous pouvez utiliser un ordinateur et taper à l'ordinateur avec n'importe quel degré de précision, vous trouverez une multitude de possibilités pour les compétences que vous possédez. Même si vous n'êtes pas le meilleur dactylographe au monde, il existe des moyens de perfectionner suffisamment vos compétences pour que cette occasion de travailler seul porte ses fruits. Comme de plus en plus d'entreprises externalisent des fonctions telles que la saisie de données, de nombreuses femmes au foyer trouvent que cette niche leur convient parfaitement.

Télémarketing Il est souvent possible d'obtenir des emplois à la pige et même dans les entreprises de télémarketing qui dépendent des travailleurs à domicile. Ce type de travail ne nécessitera pas de compétences très spécialisées. Si vous pouvez parler clairement au téléphone, faire passer votre message et être agréable dans le processus, vous devriez être prêt.

Beaucoup de mères qui travaillent à la

maison tombent sur leur propre créneau basé sur leurs propres passe-temps personnels. Certaines entreprises à domicile qui ont émergé d'idées ou de produits uniques comprennent l'artisanat, la vente en ligne, la production de vêtements personnalisés avec vitrines en ligne, la fabrication de savon et de bougies, et beaucoup plus. Les options ne sont limitées que par l'imagination.

Certains travaillent à la maison, les mères font des courses pour d'autres, travaillent dans un environnement virtuel pour alléger le travail des employés de bureau, et plus encore. Le domaine de l'assistant personnel peut être très intéressant à explorer localement et en ligne. Le potentiel s'accroît à mesure que de plus en plus d'entreprises externalisent et que de plus en plus d'employés ont peur de prendre congé pour mener à bien leurs projets personnels.

Les services de garde en milieu familial sont une option populaire pour les mères qui veulent que leurs enfants vivent dans un milieu familial et accueillant. Cette option peut être excellente pour une entreprise à domicile. En tant que mère, vous possédez déjà bon nombre des compétences requises pour le poste.

Rédaction Si vous pouvez facilement enchaîner des phrases en chaîne, des possibilités s'offrent aux rédacteurs indépendants. Bien qu'il vous manque certaines compétences pour certains emplois, il y a des projets qui peuvent être réalisés par des débutants. De nombreux emplois de blogueurs, par exemple, exigent l'écriture de personnes "ordinaires". Cela signifie que seules une bonne voix à l'écrit et des compétences de base sont requises.

Vous aurez peut-être besoin d'un diplôme ou d'une formation spécialisée pour cela, mais ce domaine présente des possibilités uniques. Tendre la main aux étudiants en tutorat en ligne peut être un excellent moyen de gagner sa vie et de profiter des avantages du travail à domicile en même temps.

Certaines entreprises se tournent vers les centres d'appels virtuels pour gérer leur service à la clientèle. Dans de nombreux cas, ces centres d'appels embauchent des travailleurs à domicile pour gérer les quarts de travail des appels entrants. Bien que ce type de travail exige des heures fixes, il peut quand même offrir la souplesse d'horaire dont les parents ont souvent besoin. De plus, certains centres d'appels peuvent offrir un véritable travail à temps plein avec des avantages pour les télétravailleurs. Cela peut être un avantage si vous ne voulez pas démarrer votre propre entreprise pour travailler à domicile.

Bien qu'une formation à court terme et l'obtention d'un permis soient nécessaires dans ce domaine, bon nombre de ceux qui entrent dans ce domaine savent qu'ils peuvent travailler à la maison la plupart du temps.

Transcription Pour ceux qui ont un don pour le clavier, ce peut être un champ incroyable pour entrer. Avec une formation de base, le travail de transcription standard peut être effectué à domicile. Avec un cursus plus approfondi, il est également possible d'obtenir des contrats de transcription médicale mieux rémunérés.

Les possibilités de travailler à la maison sont pratiquement infinies. Avec des emplois allant de ceux qui ne vous obligent jamais à quitter la maison à ceux qui pourraient vous obliger à sortir et à faire des appels de vente selon votre propre horaire, vos options ne sont pas limitées, même si vos compétences de base s'avèrent l'être.

Maximisez vos compétences

Bien que de nombreuses possibilités d'emploi à domicile ne nécessitent pas de diplômes spéciaux ou de formation avancée, certaines compétences peuvent être nécessaires pour obtenir des emplois mieux rémunérés. Heureusement, il existe une variété d'endroits vers lesquels vous pouvez vous tourner pour perfectionner les compétences dont vous avez besoin pour réussir sans dépenser une fortune dans le processus.

Même si vous choisissez un domaine qui ne requiert aucune compétence particulière, il peut être important d'envisager certains cours pour accroître votre sens des affaires. L'apprentissage de notions comme la comptabilité de base, la tenue de dossiers, la commercialisation et la création juridique d'une entreprise peut être important pour le succès d'une entreprise à domicile dans de nombreux cas.

En fonction du domaine qui vous intéresse, ces points de vente peuvent vous aider à obtenir rapidement la formation adéquate :

Les écoles secondaires locales offrent souvent des cours du soir à leurs propres élèves et aux adultes de la communauté qui cherchent à améliorer leurs compétences. Bien que le programme d'études puisse inclure des cours dans les écoles secondaires ordinaires, de nombreux programmes de perfectionnement professionnel sont également offerts. Il peut s'agir de cours techniques, de cours de dactylographie, de cours de comptabilité ou d'autres cours. Ne vous inquiétez pas, ils ne vous obligeront pas à reprendre des cours d'histoire et de mathématiques à moins que vous ne le souhaitiez !

Les écoles techniques publiques peuvent

être des ressources inestimables pour la formation dans une variété de domaines. Parmi les programmes qui pourraient être offerts et qui pourraient être d'une grande utilité pour une carrière à la maison, mentionnons la transcription, le marketing, l'exploitation informatique, la comptabilité de base, et ainsi de suite. Ces endroits sont également connus pour offrir des cours de haute technologie. Si, par exemple, vous voulez apprendre à construire des sites Web, les écoles techniques publiques ou locales sont un bon endroit pour rechercher des leçons à faible coût.

Les cours de certification à domicile peuvent fournir les compétences et la paperasserie nécessaires pour commencer une carrière en un clin d'œil. Les possibilités ici peuvent inclure des choses comme la transcription médicale, la comptabilité, le marketing et plus encore.

Comme de plus en plus d'écoles techniques, de collèges et d'universités tirent parti de la puissance d'Internet pour enseigner, la disponibilité des cours s'accroît. Bien que les offres puissent varier considérablement, les étudiants à la maison peuvent tout faire, de l'apprentissage de l'utilisation des produits Microsoft Office à l'obtention d'une maîtrise - tout cela dans le confort de leur foyer.

Les associations de certification sur le terrain représentant certains domaines de travail peuvent offrir des cours de certification ou d'accréditation à faible coût. L'obtention d'une formation pour l'obtention d'un permis d'agent immobilier, par exemple, peut ne prendre que quelques mois d'études auprès d'un conseil localisé d'agents immobiliers.

Centres de développement des petites entreprises Situés dans de nombreuses régions métropolitaines, ces organismes financés par le gouvernement sont reconnus pour offrir une variété de programmes, d'ateliers et de cours de certification. Ces centres peuvent également être des ressources incroyables pour établir correctement une entreprise afin de se conformer aux réglementations locales, étatiques et fédérales.

Si vous avez l'intention de signer un contrat avec une société de franchise ou de travailler dans un territoire à titre de vendeur de maison, une formation sera offerte dans de nombreux cas. Selon le domaine ou le produit que vous choisissez, les classes associées peuvent ne rien vous coûter du tout. Par exemple, les entreprises axées sur la vente qui utilisent des fêtes à domicile offrent habituellement une formation pratique approfondie. De nombreuses franchises offrent également une variété de cours pratiques pour aider ceux qui magasinent à connaître le succès.

Formation en cours d'emploi Certains emplois à la pige offriront une formation de base en cours d'emploi aux entrepreneurs. Les entreprises qui embauchent des travailleurs à distance pour recevoir des appels entrants, par exemple, peuvent également offrir de la formation.

Obtenir la formation qui peut être nécessaire pour de nombreuses entreprises à domicile est généralement beaucoup plus facile que vous ne le pensez. Allez au bon endroit et les compétences que vous avez peuvent être facilement ajoutées.

Où trouver un emploi ?

Prendre la décision de travailler à la maison et de choisir un domaine à suivre ne suffira pas à faire bouger les choses. À moins que vous n'ayez l'intention de bâtir votre propre entreprise à partir de zéro, vous devrez savoir où vous rendre pour trouver des emplois et des possibilités dans votre maison. Il existe un certain nombre d'options qui peuvent être incroyablement utiles pour vous aider à commencer à gagner de l'argent à la maison. Cependant, il y a quelques points à surveiller. Le monde du travail à la maison n'est malheureusement pas à l'abri des escrocs.

✓ AGENCES DE PLACEMENT

Les agences de placement locales peuvent constituer une ressource inestimable pour les travailleurs indépendants, les travailleurs semi-qualifiés et même pour ceux qui cherchent un emploi dans des entreprises qui emploient des travailleurs à domicile. Pour trouver une agence de placement avec laquelle travailler pour booster votre carrière, assurez-vous de le faire :

Définir leurs intérêts : Les agences de placement peuvent être plus spécialisées dans les types d'emplois qu'elles occupent. Assurez-vous que vos intérêts et le domaine de carrière que vous prévoyez poursuivre sont clairement définis afin d'éliminer les organismes qui ne sont peut-être pas en mesure de vous aider.

Organismes de recherche dans votre région : Une fois que vous savez ce que vous voulez poursuivre et peut-être même quels domaines vous voulez éviter, cherchez des organismes dans votre région qui ont la réputation d'aider les gens dans votre domaine d'intérêt. Si vous n'arrivez pas à obtenir des recommandations, appelez les organismes locaux et demandez ce qu'ils font.

Coûts associés à la recherche : La plupart des agences de placement facturent l'employeur et non le demandeur d'emploi. Assurez-vous de le vérifier avant de traiter avec une agence. Ce n'est pas amusant d'obtenir un emploi juste pour découvrir qu'une coupure sera enlevée par le haut !

Les agences d'emploi peuvent être des ressources inestimables pour lancer certains domaines d'intérêt dans le travail à domicile. Assurez-vous que si c'est la voie que vous voulez suivre, l'organisme avec lequel vous travaillez a de l'expérience dans votre domaine de spécialisation ou d'intérêt.

✓ *LES FRANÇAISES*

Si vous préférez ne pas inventer la roue pour profiter d'une opportunité d'affaires à domicile, travailler avec une franchise ou signer avec une société de vente basée sur le territoire peut fonctionner parfaitement. Les deux options peuvent offrir de grands avantages lorsqu'il s'agit de sauvegarde et de support, mais il y a des choses à garder à l'esprit avant de signer sur la ligne pointillée. Il s'agit notamment

Reconnaissance : Que vous achetiez d'une franchise ou que vous représentiez simplement une entreprise par la vente, assurez-vous que le produit et/ou le service est reconnu et de bonne réputation. Même dans le cas d'entreprises en croissance ou de nouvelles entreprises, il est possible d'analyser l'eau. Le fait qu'une entreprise offre des franchises à la vente ne signifie pas que ses produits ou services sont très en demande.

Niveau de soutien : Si vous n'entrez pas dans l'entreprise avec beaucoup de formation, assurez-vous que l'occasion se présente avec beaucoup de soutien. De nombreuses sociétés de franchise offrent une formation de base en vente et en affaires, par exemple. Les sociétés de vente, bien sûr, devraient vous aider à élaborer un plan pour vendre vos produits.

Votre marché : Il ne vous servira à rien d'ouvrir la dixième franchise exacte dans une zone de 20 pâtés de maisons. Assurez-vous de bien comprendre votre marché et vos besoins. Ceci s'applique également à l'établissement de territoires de vente. Trop de compétition "amicale" et vos chances de succès pourraient être grandement affectées.

Coûts associés : Assurez-vous d'avoir une bonne gestion des coûts associés à cet itinéraire. Certaines franchises sont très abordables, mais d'autres peuvent être incroyablement chères.

Vos intérêts : Il n'est tout simplement pas logique d'établir un magasin avec une entreprise, un produit ou un service qui ne vous intéresse pas. L'effort risque de s'effondrer si vous ne pouvez pas le soutenir pleinement. Explorez vos intérêts de près, puis jumellez-les avec les possibilités qui s'offrent à vous.

Temps requis : Certaines possibilités peuvent sembler très intéressantes jusqu'à ce que la quantité de travail nécessaire soit bien comprise. Si vous voulez vous assurer que la flexibilité est maintenue, il est impératif que vous contrôliez ce qui est vraiment nécessaire pour réussir.

La franchise ou la voie de la vente peut être un moyen plus facile d'entrer dans une entreprise à domicile qui a une réelle chance de succès. Cependant, pour profiter des résultats et des récompenses que vous recherchez, il est impératif que vous fassiez d'abord quelques recherches.

✓ *OBTENIR DES EMPLOIS PAR L'INTERMÉDIAIRE DE SITES WEB*

Exploiter la puissance d'Internet peut être un excellent moyen de trouver du travail à la maison. Dans l'arène en ligne, vous trouverez des sites Web qui peuvent vous aider :

Si vous voulez un emploi à la maison, mais à la maison, il est logique de rechercher un certain nombre d'entreprises à travers le monde qui sont connues pour mettre les télétravailleurs sur la liste de paie. Cela peut rendre plus facile la recherche d'opportunités payantes.

Il existe une variété de sites Web qui se spécialisent dans l'appariement des travailleurs autonomes dans un certain nombre de domaines avec les employeurs qui embauchent. Bien qu'il s'agisse généralement de postes à court terme, ils peuvent être très lucratifs avec le temps. C'est particulièrement vrai si les employeurs à court terme continuent de revenir pour en obtenir plus. Les rédacteurs pigistes, par exemple, peuvent communiquer avec divers employeurs en ligne et trouver plus de travail qu'ils ne peuvent en gérer s'ils jouent bien leurs cartes.

Si vous aimez l'idée de vendre des bougies dans une atmosphère de fête, par exemple, trouver la bonne entreprise peut être beaucoup plus facile en ligne. Vous y découvrirez une variété de sites qui peuvent vous mettre en contact avec la bonne opportunité.

Les sites communautaires Les sites Web communautaires ont souvent des zones qui relient les travailleurs à domicile à des actions possibles. Bien que toutes les offres ne soient pas légitimes, ces sites peuvent en valoir la peine.

Certaines agences de placement en ligne s'occupent dans une large mesure de postes de télétravail et d'autres possibilités à domicile. Ils peuvent offrir une porte ouverte pour trouver des possibilités d'emploi à court et à long terme dans une variété de domaines.

Les possibilités d'entrer en contact avec

des employeurs potentiels dans l'arène en ligne sont presque infinies. Aussi incroyable que puissent paraître certaines de ces possibilités, il est impératif d'être conscient de certains dangers potentiels.

✓ *CHOSES À ÉVITER*

Aussi facile que certains endroits peuvent le faire pour trouver des possibilités d'emploi potentiel à la maison, tous ceux qui existent ne sont pas exactement dignes de confiance. Dans cette optique, il est important d'éviter les fraudeurs en adoptant une approche prudente à l'égard de toute proposition. Pour éviter les problèmes liés aux possibilités d'emploi à domicile, aux contrats indépendants et autres, assurez-vous de le faire :

Ne signez pas pour vendre des produits pour une entreprise sans comprendre exactement quels sont ces produits et quelle est la réputation de l'entreprise. Si vous êtes travailleur autonome, vérifiez la réputation de l'employeur. Les sites indépendants, par exemple, offrent souvent des évaluations en retour. Pour d'autres occasions d'affaires, consultez les chambres de commerce locales ou le Bureau d'éthique commerciale pour obtenir des renseignements généraux.

Beaucoup d'annonces pour les travailleurs à domicile offrent une tonne d'argent pour un peu de travail. D'autres tenteront de vous facturer la possibilité de travailler pour eux. À moins qu'il ne s'agisse d'une franchise avec frais de participation, faites très attention à toute personne qui tente d'obtenir votre argent afin de pouvoir gagner de l'argent. De plus, si le travail à la maison semble trop beau pour être vrai, il ne l'est probablement pas. Faites preuve de bon sens ici et regardez les antécédents.

Contrats d'utilisation Il peut être trop facile pour les travailleurs indépendants, par exemple, de glisser sur ce front. Assurez-vous d'avoir des clients sous contrat, même s'il ne s'agit que d'un seul emploi à très court terme. Cela vous protège non seulement vous, mais aussi l'employeur indépendant.

Si votre idée est de travailler à la maison la plupart du temps et de profiter d'un horaire flexible, ne vous inscrivez pas à un kiosque de vente de maisons qui mange jusqu'à 80 heures par semaine. Tenez compte de tous vos objectifs lorsque vous explorez les possibilités qui existent.

Trouver des employeurs pour de nombreux postes à la maison n'est pas aussi difficile qu'il n'y paraît. Il existe un certain nombre de ressources qui peuvent vous faciliter la tâche.

Quelques conseils....

Bien que tous les emplois à domicile n'exigent pas des compétences en matière d'entrevue ou de création de propositions, bon nombre d'entre eux l'exigeront. Si vous avez décidé que vous aimeriez travailler pour une entreprise qui embauche des employés à domicile ou avec un contrat local, par exemple, vous voudrez améliorer vos compétences en entrevue. Si vous envisagez de devenir indépendant via Internet, vous devrez savoir comment vous présenter de la meilleure manière possible à travers des propositions.

• OBTENIR DES ENTREVUES

Si vous n'avez jamais passé d'entrevue pour un poste ou si cela fait longtemps que vous n'en avez pas passé, voici quelques conseils qui peuvent vous aider à faire de votre mieux. Pour vous assurer de faire de votre mieux dans n'importe quelle situation d'entrevue :

Bien qu'il ne soit pas nécessaire de porter une camisole de force et des talons hauts pour chaque entrevue, habillez-vous proprement, proprement et professionnellement. La première impression compte.

Soyez prêt à répondre à diverses questions liées au travail et à d'autres questions. Comprenez la position, l'entreprise et votre rôle avant de franchir la porte. De plus, c'est une bonne idée de se préparer à tout ce qui peut être jeté sur son chemin. Planifiez un entretien personnel, mais ne perdez pas votre sang-froid si cela s'avère être un panel. Respire et sois toi-même.

Il est essentiel d'établir un contact visuel pour envoyer le bon message aux employeurs potentiels. Cela peut vous aider à acquérir une réputation de confiance, de compétence et d'honnêteté - tout ce que les employeurs recherchent, même chez les travailleurs à domicile.

Bien que vous n'ayez peut-être pas besoin d'un bureau à domicile ou d'un bon ordinateur avant d'obtenir un emploi, avoir des plans en place peut vous donner l'avantage de l'initiative dont vous avez besoin.

Essayez d'être aussi détendu et en sécurité que possible lors d'un entretien d'embauche. Cela vous aidera à répondre aux questions de façon plus approfondie et peut aussi vous aider à faire bonne impression. Même si la position est votre "rêve", ne paniquez pas en pensant que ce sera la fin du monde si vous ne l'obtenez pas. Cela minera votre confiance en vous et vous donnera probablement une apparence tendue.

N'ayez pas peur de mettre vos qualifications, votre expérience et vos forces à l'avant-plan. N'oubliez pas qu'une entrevue est vraiment une situation de vente. Au lieu d'un produit ou d'un service, vous essaierez de vous vendre vous-même. Faites bien votre travail et vous l'aurez.

N'essayez pas de vous faire passer pour plus que vous n'êtes. Répondez honnêtement aux questions. Si vous ne savez pas quelque chose, admettez-le. Insistez sur le fait que vous êtes disposé et capable d'apprendre tout ce à quoi vous pouvez penser.

Soyez réaliste Assurez-vous d'être au moins raisonnablement qualifié pour un poste. Si l'emploi exige des compétences très spécialisées et que vous n'en possédez pas, il est probablement irréaliste de vous lancer à la poursuite de l'emploi.

Les entrevues en personne peuvent être très stressantes, mais il existe des moyens de le faire. Plus vous êtes préparé et détendu, plus vous trouverez d'employeurs potentiels. Cela peut vous donner l'avantage dont vous avez besoin pour surpasser la concurrence.

- ### *VOTRE PREMIÈRE ENTREVUE EN LIGNE*

L'entrevue ou la demande d'emploi dans un environnement virtuel peut être un peu plus compliquée. Bien que certains postes puissent aussi comprendre une entrevue en personne, beaucoup ne le font pas. Cela signifie que vous devrez souvent vous vendre en vous basant uniquement sur vos références et vos communications écrites. Il y a quelques conseils qui peuvent vous aider à performer ici. Il s'agit notamment

Puisqu'il est très probable que vous n'aurez à présenter l'œuvre qu'avec des documents écrits, il est impératif que les propositions soient présentées correctement. Assurez-vous de prendre le temps de mettre à jour votre curriculum vitae et vos qualifications, d'examiner votre proposition et de n'offrir que ce que vous pouvez réellement offrir. Si vous prévoyez travailler seul, gardez vos prix d'offre compétitifs.

Certains employeurs indépendants préfèrent interviewer les candidats par téléphone ou dans des bavardoirs. Assurez-vous d'être disponible pour parler au besoin.

Une fois les propositions soumises, il peut être judicieux de faire un suivi auprès d'un employeur potentiel et d'être disponible pour répondre à toute question. Si vous soumissionnez par l'intermédiaire d'un service de jumelage indépendant, ce n'est peut-être pas possible, mais dans d'autres domaines, c'est peut-être une bonne habitude à prendre.

Les entrevues pour un emploi à temps plein ou même pour un contrat de pigiste peuvent être un peu écrasantes. Plus vous êtes préparé à ce à quoi vous pouvez vous attendre, meilleure sera votre performance. Avec un peu d'assurance, vous vous ferez du bien.

- ***PARAMÉTRER CORRECTEMENT LE BUREAU À DOMICILE***

Que vous ayez l'intention d'être travailleur autonome, de faire des ventes, d'acheter une franchise ou de télétravailler pour un employeur à temps plein, vous constaterez qu'avoir un bureau à domicile est une considération très importante. Même s'il ne s'agit que d'un placard avec sa propre porte privée, avoir une retraite peut être très important pour les niveaux de productivité et même pour la santé mentale.

Vous constaterez probablement que vous n'avez pas besoin de dépenser une petite fortune pour établir un bureau à domicile. Même avec un budget relativement faible, vous pouvez obtenir les outils dont vous avez besoin pour presque tous les domaines professionnels.

Les éléments de base à prendre en compte sont les suivants :

Un poste de travail Même si vous utilisez deux classeurs avec un bureau tendu au-dessus, avoir un endroit pour placer d'autres documents et distribuer la paperasse peut être très intelligent.

Classeur(s) Il n'y a pas de problème si ceux-ci font partie du "bureau" ou s'ils sont debout. Quoi qu'il en soit, vous en aurez besoin pour conserver des dossiers importants, comme les renseignements sur les clients, les reçus d'achat pour l'entreprise, etc.

Un ordinateur C'est le pain et le beurre pour de nombreuses entreprises à la maison. Un ordinateur fiable avec le bon logiciel de bureau peut même vous aider avec une franchise basée sur les ventes. C'est aussi une bonne idée d'avoir une connexion Internet haute vitesse. C'est particulièrement vrai si vous envisagez de travailler en tant que travailleur indépendant ou télétravailleur virtuel.

Un téléphone Disposer d'une ligne téléphonique professionnelle dédiée est une excellente idée. Même si vous ne voulez pas le faire au début, pensez au moins à mettre un téléphone au bureau.

Imprimante/télécopieur/scanner Pour réduire les coûts, une unité combinée peut très bien fonctionner.

Un planificateur. Tu vas faire beaucoup de jonglerie. Pour vous tenir au courant de tout cela, il est judicieux d'avoir un calendrier ou un planificateur pour vous aider à planifier vos journées.

N'oubliez pas de vous procurer d'autres fournitures dont vous pourriez avoir besoin, comme des stylos, du papier, des journaux de bord, des dossiers, des factures, des cartes professionnelles, etc.

Établir un bureau à domicile est une très bonne idée pour vous donner l'espace dont vous avez besoin pour faire votre

travail. Même une configuration de base
peut aider énormément.

La voie du succès

À moins que vous n'ayez décidé de travailler à distance pour une entreprise, il y a certaines choses que vous voudrez faire pour vous mettre sur la voie du succès. Choisir un secteur d'activité à suivre, établir un bureau à domicile et même recevoir un peu de formation ne suffira pas à dresser une liste de clients et à les inciter à revenir.

Que vous ayez l'intention d'ouvrir une franchise de vente ou de travailler à la pige pour un employeur embauché, il y a plusieurs autres mesures à prendre pour bien commencer. La publicité, le réseautage, l'établissement et la protection de votre réputation deviendront des considérations importantes une fois que vous serez immergé dans le travail à la maison.

✓ POURQUOI LA PUBLICITÉ EST IMPORTANTE

Ce n'est pas parce que vous avez décidé de faire affaire seul que les clients vont commencer à frapper à votre porte. La publicité est essentielle pour les franchises, les ventes sur le territoire, les ventes en ligne et même pour les indépendants. Les gens ont simplement besoin de savoir qui vous êtes et ce que vous offrez avant de s'intéresser à vos produits ou services. Il ne suffit pas d'accrocher un panneau.

Alors, comment pouvez-vous obtenir l'information dont vous avez besoin au sujet de votre nouvelle entreprise à domicile ? Ces modes de publicité peuvent aider les gens à mieux vous connaître, vous et votre entreprise :

Selon ce que vous allez faire, la publicité imprimée peut être un bon moyen de le faire. Si vous prévoyez vendre des produits dans une région particulière, par exemple, les journaux locaux peuvent faire des merveilles. Si vous souhaitez offrir vos services en tant qu'assistant virtuel pour les petites entreprises, les revues spécialisées peuvent vous aider.

La publicité en ligne payante au clic et d'autres publicités en ligne pilotées par les moteurs de recherche peuvent très bien fonctionner pour vous obtenir des sites de vente en ligne, des noms de pigistes et bien plus encore qui circulent sur le Web. Il peut également être une très bonne idée de créer votre propre site, même pour une entreprise très localisée.

Publicité gratuite L'une des meilleures façons d'obtenir au moins un coup de pouce initial est de profiter des avantages de la publicité gratuite. Si vous ouvrez une franchise ou une entreprise de vente de territoire dans votre communauté, envoyez un communiqué de presse aux médias locaux. Si vous comptez faire des affaires en ligne, songez à écrire un blogue sur votre expérience ou votre domaine pour générer du trafic vers votre site Web. Vous pouvez aussi écrire des chroniques pour d'autres personnes, accepter d'être interviewé par un rédacteur en ligne ou publier des communiqués de presse sur le Web pour dire qui vous êtes et ce que vous faites.

D'autres formes de publicité La télévision, le publipostage, la radio et d'autres outils publicitaires peuvent bien fonctionner, selon votre budget et le type d'entreprise que vous exploitez. Réfléchissez bien à vos options, cependant, car ces moyens de faire passer le mot pourraient coûter plus cher que ce que vous voulez payer au départ.

L'ouverture d'une entreprise n'est pas suffisante pour assurer le succès. Une fois que vous serez prêt à commencer, votre clientèle potentielle aura besoin de vous connaître. La publicité est essentielle pour stimuler le trafic et les affaires à votre façon.

✓ LES OBJECTIFS DU RÉSEAUTAGE

Le réseautage est vraiment une autre forme de publicité, mais elle peut être très abordable et efficace. Lorsque vous entrez en contact avec nous, vous devenez essentiellement le meilleur vendeur pour votre entreprise. De plus, cela peut vous faire sortir de la maison en faisant quelque chose de très important pour bâtir vos ventes et votre réputation.

Les options de réseautage sont un peu plus étendues que beaucoup de gens ne le pensent. Parmi les possibilités qu'il pourrait être utile d'explorer, mentionnons les suivantes :

Chambres de commerce locales Les chambres de commerce locales offrent une excellente plateforme à quiconque vend un produit ou un service pour faire passer le mot. Bien que les caméras puissent prendre un peu de temps dans le grand schéma des choses, elles offrent une formation précieuse en échange de frais d'adhésion et peuvent aider les propriétaires d'entreprise et les pigistes à profiter d'un moyen de devenir une partie précieuse d'une communauté.

De nombreuses collectivités ont leurs propres groupes de réseautage qui offrent moins sous forme de programmes que sous forme de rencontres en personne avec d'autres propriétaires d'entreprises à la recherche de produits ou de services. Les groupes de réseautage peuvent se réunir une fois par semaine, par mois ou par trimestre. Dans certaines régions, vous trouverez des groupes de réseautage généraux et même ceux qui visent à travailler avec les mères.

Options en ligne Si vous avez l'intention de vendre des produits en ligne ou si vous voulez travailler en tant que professionnel indépendant de la saisie de données, vous trouverez que le réseautage Web peut être très important pour votre succès. Pour faire passer le mot sur ce que vous faites, pensez à rejoindre des groupes de contact en ligne, à écrire des articles d'invités ou d'experts pour des sites Web, etc. Lancement d'un blog pour l'auto-promotion peut également très bien fonctionner pour le trafic et l'intérêt de votre chemin. L'utilisation de sites de réseautage social peut également être un moyen intéressant et efficace de créer une rumeur au sujet de votre entreprise.

Commandites Lancez une franchise de vente dans une communauté locale et commencez le premier jour en commanditant un événement, une équipe sportive ou quelque chose de semblable peut répandre la bonne volonté instantanément. Les commandites ne doivent pas nécessairement être coûteuses pour être efficaces. Si vous entrez dans une entreprise en ligne, vos options peuvent être limitées.

Le réseautage n'est pas seulement un véhicule publicitaire vital pour votre entreprise, il peut aussi vous servir de "distraction". En tant que mère qui travaille à la maison, vous trouverez que sortir et promouvoir votre entreprise est amusant, gratifiant et offre un changement de rythme très agréable.

Ouvrir une entreprise sans que personne ne sache que vous êtes là n'est pas intelligent. Il y a plusieurs façons de faire connaître qui vous êtes et ce que vous faites. Pour tirer le meilleur parti du marketing, envisagez une approche multidimensionnelle.

✓ *LA RÉPUTATION EST TOUT CE QU'IL Y A DE PLUS IMPORTANT*

Que vous prévoyiez vendre des produits à des soirées à domicile, ouvrir une franchise ou faire du travail à contrat est votre spécialité, vous devrez protéger votre réputation avec zèle. Bâtir une bonne réputation et les avantages de le faire auront un impact très positif sur le succès de votre entreprise.

Votre réputation peut avoir un impact sur votre entreprise et vos références. Si vous établissez d'excellentes relations avec vos clients, votre entreprise connaîtra généralement du succès. Si vous ne le faites pas, vous risquez de tomber.

Pour vous assurer que votre réputation est excellente, assurez-vous de le faire :

Tenez parole. Promets-moi juste ce que tu peux tenir et fais exactement ça. Cela vous aidera à gagner la confiance de vos clients. En retour, cela peut mener à la répétition de la publicité commerciale et du bouche à oreille pour vos produits ou services.

Traiter les clients avec respect Le service à la clientèle est la clé de l'établissement de relations d'affaires durables. Traitez les clients potentiels avec respect et courtoisie et cela sera payant.

Assurez-vous que les produits ou

services sont conformes à la norme. Bien que votre professionnalisme vous aidera à partir du bon pied, ce sont vos produits ou services qui continueront à vendre votre entreprise. Assurez-vous qu'ils offrent de la qualité et de la valeur et que les clients continueront à revenir.

Les mères peuvent créer des entreprises lucratives et prospères. Si vous prenez les bonnes mesures pour planifier votre entreprise, diffuser de l'information et fournir des services, vos efforts devraient en valoir la peine.

Et mes avantages sociaux ? Où sont-ils ?

Votre tâche est terminée, vous avez sélectionné votre entreprise et vous êtes prêt à aller de l'avant à toute vitesse. Juste au moment où vous pensez avoir tout planifié, un ami vous demande comment vous allez compenser pour les précieux avantages que vous offre votre employeur actuel.

Alors, *comment réagissez-vous ? Pouvez-vous combler les lacunes ?*

Il est fort probable qu'il puisse être couvert de manière adéquate. De l'assurance-maladie à la retraite en passant par l'épargne, vous constaterez qu'il est souvent possible de recréer à peu près le même type de protection qu'un employé à temps plein dans la course aux primes. La bonne approche à adopter dépendra de votre situation personnelle.

> ## *SOUSCRIRE UNE ASSURANCE*

Si la couverture des soins médicaux, dentaires et de la vue est préoccupante, les mères qui travaillent à domicile ont généralement des options qui s'offrent à elles. S'assurer que votre famille est couverte devrait, bien sûr, être une priorité absolue. Ce sont les options les plus courantes offertes aux travailleurs à domicile :

Si votre conjoint peut obtenir une assurance emploi qui couvre toute la famille, cela peut résoudre complètement le problème. Il y a aussi certains avantages à suivre cette voie. Bien qu'il soit possible d'obtenir des polices d'assurance privées et qu'elles ne soient pas aussi coûteuses qu'on le pense, elles ont tendance à être très limitées en termes de couverture. Les OPP et les OSS des employeurs couvriront un plus grand nombre d'exclusions et, en général, aucune d'entre elles.

À moins qu'il n'y ait d'importantes conditions préexistantes à traiter, il est possible de souscrire des polices privées HMO et PPO pour couvrir la famille. Recherchez attentivement la couverture et les coûts ne devraient pas faire faillite. Soyez conscient des limites de chaque police particulière que vous voyez. Les politiques qui ne sont pas des politiques de groupe ont tendance à avoir de nombreuses restrictions et "petits caractères" qui doivent être considérés de près.

Groupe Si votre nouvelle entreprise à domicile emploie plus de personnes que vous seul, vous pourriez être admissible à une assurance collective. Cela signifie que vous aurez accès au même type d'options de protection qu'un employeur. Les coûts peuvent varier considérablement, mais cela peut valoir la peine d'y réfléchir si vous avez des travailleurs et une famille entière à couvrir.

L'assurance n'est qu'un obstacle au travail indépendant. Explorez soigneusement vos options et vous serez en mesure de trouver une solution qui fonctionne. N'oubliez pas que les coûts peuvent varier considérablement. Il vaut la peine de vérifier toutes les avenues et de choisir un itinéraire final qui offre la meilleure couverture pour un investissement le plus bas possible.

➢ *ET VOTRE RETRAITE ?*

Bien que l'assurance soit une grande considération, il ne faut pas l'oublier non plus pour l'avenir. Si vous quittez un emploi qui offre des prestations de retraite ou des instruments d'épargne, vous voudrez trouver des moyens de reproduire ou même d'améliorer les outils à votre disposition. Vous pouvez perdre ce match corporatif en solo, mais vous pouvez vous assurer d'épargner pour votre retraite en tant que pigiste.

Voici quelques-unes des options disponibles pour aider les mères au foyer à conserver leurs nids pour leur âge d'or :

Ces comptes d'épargne-retraite peuvent vous aider à protéger vos économies d'impôt à mesure que vous bâtissez pour l'avenir. Les CRI ont des limites de cotisation, mais peuvent être un outil précieux à utiliser dans le cadre d'un régime général de retraite.

401ks Il s'agit d'un autre véhicule d'épargne-retraite. Le problème avec les 401ks, c'est qu'elles ont tendance à être liées au marché boursier, ce qui signifie qu'elles peuvent faire face à des hauts et des bas dramatiques. Il n'est peut-être pas intelligent d'utiliser un 401k comme seule option, mais ils peuvent servir de bonne table dans un plan.

Les obligations Bien que leurs bénéfices ne soient pas nécessairement spectaculaires, elles peuvent s'avérer être des placements assez solides. Les obligations fédérales et municipales peuvent être récompensées par de bons rendements à long terme.

Actions Soyez prudent lorsque vous utilisez un portefeuille comme seule option en raison des hauts et des bas possibles. C'est quand même une table qui vaut la peine d'être considérée.

Autres investissements L'or, les biens immobiliers et autres investissements corporels peuvent être considérés comme faisant partie d'un ensemble d'investissements à long terme.

L'un des inconvénients potentiels du travail à domicile est le manque de fonds de retraite. Vous pouvez surmonter cet obstacle en planifiant soigneusement et en vous assurant d'épargner pour votre avenir.

> **CHAQUE CENTIME COMPTE**

L'épargne-retraite est importante, mais l'épargne à court terme l'est aussi. Si vous avez l'intention d'aider à entretenir le style de vie de votre famille ou même de la financer entièrement, épargner de l'argent pour les mauvais jours est une chose intelligente à faire. C'est aussi une excellente façon de se préparer aux temps d'arrêt qui peuvent survenir dans n'importe quelle entreprise.

Quelques-unes des options qui méritent d'être explorées sur le plan de l'épargne, dont plusieurs sont mentionnées pour les placements de retraite. Les actions, les obligations et autres placements peuvent être rentables.

Pour des économies plus simples, vous pouvez envisager des choses comme :

Épargne traditionnelle Ouvrez un compte d'épargne et commencez à épargner un montant fixe toutes les semaines, toutes les deux semaines ou tous les mois. Continuez comme ça et vos économies s'accumuleront avec le temps.

Comptes du marché monétaire Si vous

voulez gagner un peu plus d'intérêt sur votre argent, ceux-ci peuvent très bien fonctionner. Ils fonctionnent comme les comptes courants de chèques ou d'épargne, mais rapportent plus d'intérêts.

Gagner sa vie comme une bonne mère au foyer est certainement possible, mais ce n'est peut-être pas suffisant pour couvrir vos besoins à long terme. Si vous voulez protéger votre revenu, votre santé et votre avenir, il est sage de faire des adaptations pour l'assurance, la retraite et l'épargne normale.

Conclusion : Comment tout gérer et ne pas tomber dans la tentative ?

Si vous pensez que travailler à la maison sera "plus facile" que toute autre option qui s'offre à vous, il y a de fortes chances que vous vous trompiez vous-même. C'est différent, plus pratique, extrêmement gratifiant, mais pas nécessairement une promenade dans le parc. Vous pouvez apprendre à tout gérer et exceller dans votre vie personnelle et professionnelle.

Pour vous assurer de jongler le plus facilement possible avec votre travail, votre famille et vos responsabilités domestiques, il peut être utile d'envisager les conseils, les techniques et les stratégies suivants pour tout faire :

On ne saurait trop insister sur ce conseil en particulier. Si vous prévoyez travailler une journée complète de huit heures du matin à l'après-midi ou si vous avez l'intention de travailler le soir après que les enfants se soient couchés, établissez votre horaire et essayez de vous y tenir.

Profitez des temps d'arrêt Si vous avez des temps d'arrêt pendant les heures fixées, profitez-en pour faire d'autres choses dans votre assiette. Faites un peu de ménage, passez du temps avec les enfants, préparez le dîner ou détendez-vous un peu.

Même si vous travaillez à la maison, il est très probable que vous ne puissiez pas tout gérer tous les jours à l'intérieur comme à l'extérieur. Donnez-vous la permission de laisser la maison aller un peu en faveur d'obtenir un gros contrat ou de gagner assez de temps pour emmener les enfants au parc. Donnez la priorité à ce qui est vraiment important et votre numéro de jonglerie fonctionnera.

Si vous n'avez jamais travaillé à la

maison avec des enfants qui courent partout, vous êtes sur le point de vous lancer dans un exercice de patience. Au début, vos enfants ne comprennent peut-être pas qu'ils ne peuvent pas vous interrompre toutes les cinq minutes. Vous devrez apprendre l'art du compromis et même comment être ferme et aimant pour y parvenir. Avec un peu d'effort, vous pouvez éviter de blesser de petits ego.

Le lancement d'une entreprise à domicile peut rendre certaines choses beaucoup plus faciles dans la vie. Elle peut également présenter un nouvel ensemble de défis. Soyez prêt à prioriser ce qui compte et à vous engager sur des points qui ne sont pas si importants. Si vous faites ces choses, vous pouvez tout jongler et maintenir votre entreprise, votre santé mentale intacte et votre famille en pleine forme.

➢ *QUELQUES MOTS D'ADIEU*

Choisir d'être une mère qui travaille peut être l'une des meilleures décisions que vous aurez jamais à prendre. Avec un peu de planification, de patience et d'effort, vous pouvez passer plus de temps avec votre famille tout en gagnant votre vie.

Bien que le travail à la maison puisse être un grand défi, les récompenses peuvent en valoir la peine. Pour vous assurer d'avoir couvert vos bases avant de prendre cette décision, n'oubliez pas de le faire :

Que vous télétravailliez pour un employeur à temps plein ou que vous démarriez votre propre entreprise, le travail à domicile n'est pas pour tout le monde. Assurez-vous d'explorer vraiment les hauts et les bas possibles de la décision. C'est normal de décider que cette option n'est pas pour vous.

Vous n'avez pas besoin d'avoir un titre de l'Ivy League pour faire une carrière incroyablement réussie en tant que mère au foyer. Cependant, vous devez choisir la carrière qui correspond le mieux à vos intérêts et aux compétences que vous possédez ou pouvez acquérir. Assurez-vous que l'entreprise que vous avez l'intention de créer garde vraiment votre intérêt.

Si votre famille n'est pas derrière la décision, vous pourriez avoir un début difficile. Ayez des discussions franches et ouvertes sur ce que vous espérez faire et ce que cela signifie pour toute la famille. Le fait de l'avoir à la maison est plus susceptible de valoir les sacrifices que d'autres membres de la famille pourraient avoir à faire.

Configurez vos paramètres Configurez un bureau à domicile, définissez les heures de travail et préparez-vous à partir du bon pied. Faire ces choses peut vous aider à construire et à maintenir une image professionnelle même si vous essuyez la bave de votre chemise tout en parlant à un client au téléphone ! Le meilleur, c'est que le client ne pourra pas voir ce que vous faites !

Si vous n'allez pas travailler pour quelqu'un d'autre à temps plein, assurez-vous de faire connaître votre entreprise. Assurez-vous d'informer vos amis, votre famille et vos collègues de travail. Portez attention à la publicité, au réseautage et aux autres options viables pour attirer les clients. Continuez de cultiver les occasions d'affaires en publicité après votre lancement afin de garder votre entreprise à l'esprit du public.

Ne négligez pas l'importance de l'assurance, de l'épargne-retraite et d'un fonds pour les mauvais jours. Planifiez à l'avance comment gérer ces choses et gardez-les pour les urgences et l'avenir deviendra une habitude avec laquelle toute votre famille pourra vivre.

Relax Work at home est un numéro de jonglerie. C'est indéniable. Certains jours seront meilleurs que d'autres. Détendez-vous et faites de votre mieux chaque jour. Si tu transpires les petites choses, tu vas devenir fou.

Devenir une mère au foyer est une excellente façon de combiner l'emploi le plus important de votre vie avec le deuxième plus important. Si vous planifiez soigneusement et que vous vous préparez à des hauts et des bas en cours de route, les avantages de quitter le monde quotidien pour rester à la maison s'accumuleront rapidement et continueront de s'accumuler.

Rappelez-vous simplement que tout ne se passera pas du jour au lendemain et qu'il vous faudra du temps avant de voir un changement dans votre vie pour le mieux.

Maintenant oui, je vous souhaite le meilleur dans vos résultats, et rappelez-vous que tout est pratique ; la théorie sans l'action ne vous est d'aucune utilité.

Il apporte tout ce que vous apprenez dans la vie réelle.

Un gros câlin, ton amie Jessy !

D'ailleurs, lorsque vous obtiendrez peu à peu vos résultats, je vous recommande vivement, si vous voulez en savoir plus sur les méthodes de gagner de l'argent, le livre d'un grand auteur dont j'apprends beaucoup, sur "LES STRATEGIES SECRETES POUR FAIRE BEAUCOUP D'ARGENT DANS LE MULTINIVEL", est un livre qui vous aidera certainement beaucoup sur votre chemin vers "la liberté financière".

Sans plus attendre, vous pouvez le trouver dans le moteur de recherche Amazon, tel que : "Stratégies secrètes pour gagner beaucoup d'argent dans le business multi-niveaux" ou en cherchant son nom, tel que : "Gaston Echevarria".... Encore une fois, je vous souhaite beaucoup de succès dans vos résultats !

www.ingramcontent.com/pod-product-compliance
Lightning Source LLC
Chambersburg PA
CBHW070439180526
45158CB00019B/1726